3162 T.

S. EVCHER
DV
MEPRIS
DV
MONDE.

De la Traduction

DE Mᵣ ARNAVLD D'ANDILLY.

A PARIS,
Chez PIERRE LE PETIT Impr. ord. du Roy,
ruë S. Jacques, à la Croix d'Or.

M. DC. LXXII.
AVEC PRIVILEGE DE SA MAJESTE'.

ABREGE'
DE LA VIE
DE
S. EVCHER
TIRE'
DV MARTYROLOGE D'ADON.

SAINT Eucher Evef-
que de Lion admira-
ble par fa foy, par fa fain-
teté, & par fa doctrine,
mourut le 16. jour de No-
vembre. Il renonça à la

qualité de Senateur si rele-
vée pour s'aller enfermer
dans vne caverne en l'vne
de ses terres assise sur la ri-
viere de la Durance, où ne
s'occupant qu'à servir Dieu
il passoit les jours & les nuits
en jeusnes & en prieres.

L'Evesque de Lion estant
mort, toute cette Eglise
suivant l'ancienne coûtume
jeusna & pria durant trois
jours, pour demander à
Dieu de luy vouloir don-
ner vn Pasteur capable de
la gouverner. Vn Ange ap-
parut alors à vn enfant &
luy dit; Il y a dans vne caverne assise sur le bord de

la Durance vn Senateur
nommé Eucher qui a tout
abandonné pour ſuivre Ie-
svs-Christ. Il faut l’aller
trouver & le prendre pour
voſtre Eveſque : car c’eſt
luy que Dieu a choiſi. Cet
enfant ayant rapporté cette viſion qu’il avoit euë, on
en rendit publiquement
des actions de graces à
Dieu, & l’on envoya au
lieu que l’Ange avoit mar-
qué l’Archidiacre qui gou-
vernoit alors cette Egliſe,
accompagné de quelques
Eccleſiaſtiques. Ils trouve-
rent ponctuellement tout
ce qui avoit eſté revelé à
cet enfant.   A iij

Le Saint aprés avoir sceu
de l'Archidiacre le sujet qui
l'amenoit , protesta avec
serment qu'il ne sortiroit
point de sa caverne si on ne
l'en tiroit par force & qu'on
ne le liast : Ce qu'ayant re-
peté diverses fois, l'Archidiacre fit rompre le mur qui
fermoit l'entrée de la caverne, l'en tira, le fit lier , &
le mena ainsi à Lion : où le
Clergé & le peuple par vn
commun consentement l'é-
tablirent avec grande so-
lemnité dans le siege epis-
copal. La femme du Saint
nommée Galla, qui durant
qu'il estoit ainsi reclus ser-

voit Dieu de son costé tres-
fidellement, s'enferma dans
cette mesme caverne & y
passa avec vne grande sainteté tout le reste de sa vie.
Ils eurent deux filles nom-
mées Consorcie & Tullie
qui consacrerent leur vir-
ginité à Dieu, & furent celebres par leurs miracles.

AVERTISSEMENT.

L'Abregé de la vie de ce grand Evesque rapporté dans ce Martyrologe peut suffire pour faire connoistre l'éminence de sa sainteté. Que si l'on en veut sçavoir davantage il n'y aura qu'à lire sa vie toute entiere dans le volume des Vies de plusieurs Saints illustres de divers siecles que j'ay donné au public.

Il fit ce traité du Mépris du monde pour persuader par une lettre à un jeune Seigneur son parent nommé Aurele de tout abandonner pour tout gagner en se consacrant entierement au service de Dieu. Les raisonne-mens en sont si forts, les pen-sées si élevées, les expres-sions si vives, & le zele si ar-dent & si apostolique, qu'il est facile de voir que cet admi-rable Evesque ne fut poußé à l'écrire que par un pur mou-vement de l'Esprit de Dieu.

J'avois leu autrefois avec grand plaisir cette excellente lettre sans penser à la traduire. Mais un de mes plus intimes amis à qui j'ay d'étroites obli-gations, & qui peut paßer pour l'un des plus vertueux & plus sçavans hommes de l'Eglise, m'ayant fait dire depuis peu qu'il ne croyoit pas que l'on puſt rien trouver dans l'antiquité qui renferme dans vn ſi petit eſpace plus de ſens, de beautez, & de raiſons capables avec l'aſſiſtance de Dieu d'inſpirer l'amour de la ſeule veritable vie, & qu'il me conſeilloit d'en faire part à ceux qui n'entendent pas la langue Latine ; j'ay deferé avec joye à ſon avis. Ainſi ceux qui en tireront quelque avantage luy en devront ſçavoir plus de gré qu'à moy puis qu'il en a eſté la premiere cauſe.

Comme il eſt maintenant difficile de recouvrer ce petit traité ſeparé & qu'on ne le trouve gueres que dans des volumes auſ

quels on l'a joint, on a esté d'avis
de faire imprimer le Latin ensuite de ma traduction. Ie l'ay
fait d'autant plus volontiers que
l'on pourra par ce moyen juger
aisément avec combien de fidelité je me suis attaché au sens.
Car quant aux paroles, le stile
du cinquiéme siecle dans lequel
cette lettre a vû le jour a si peu
de rapport au stile du nostre, que
je n'aurois pû que fort mal ex-
primer les pensées de cet éloquent
Evesque si je m'estois trop scru-
puleusement attaché à sa maniere de les écrire, parce qu'elle les
rend en divers endroits tres-
difficiles à entendre ; au lieu
que nostre Langue demande vne

ces deux caufes fe rencontrent,
dont l'vne procede de la nature,
& l'autre vient de nous-mefmes.
Cette double liaifon me porte à
vous écrire plus au long que je
n'aurois fait, pour vous exhorter
à prendre foin de voftre ame afin
d'acquerir ce veritable bonheur
qu'elle eft capable de poffeder
eternellement. C'eft-là le grand
ouvrage auquel le chriftianifme
nous oblige de travailler : & vous
aimant autant que je vous aime
je ne dois pas moins vous fou-
haiter qu'à moy-mefme ce fou-
verain bien.

2.   Vous avez cet avantage que
vos inclinations portées à la pieté
ne vous éloignent pas d'entre-
prendre vne vie fainte. Le re-
glement de vos mœurs vous fait
accomplir par avance en beaucoup de chofes ce que l'Evangile
nous enfeigne, & il femble que

la nature ait fait en vous par vne
fage prevoyance ce que la religion vous oblige de faire. C'eſt
vne faveur particuliere de noſtre
Dieu qui a voulu que ſa divine
doctrine trouvaſt voſtre ame diſ-
poſée par les graces qu'il luy a
desja faites, à en recevoir de nou-
velles.

Quelque environné que vous   3.
ſoyez, mon tres-cher Aurele,
de l'éclat des plus grands honneurs du ſiecle par l'éminence de
la fortune de voſtre pere & de
voſtre beau-pere, ceux que je
vous propoſe les ſurpaſſent infi-
niment. Car ce n'eſt pas ſeulement vne gloire d'vn ſiecle que
je vous ſouhaite, c'eſt vne gloire
celeſte que nuls ſiecles ne verront finir, & ce n'eſt que dans
l'eternité que la veritable gloire
ſe rencontre.

Je ne vous parleray donc pas   4.

selon la sagesse de ce siecle; mais
selon cette profonde sagesse ca-
chée en Dieu par laquelle il a
agi avant tous les siecles afin de
nous rendre capables de participer à sa gloire : & je vous parleray avec autant d'affection pour
ce qui vous touche qu'avec peu
de soin de ce qui me regarde, considerant seulement ce que je de-
sire de vous persuader pour vostre avantage, sans m'arrester à
mon incapacité.

5.   La premiere obligation de
l'homme est de rendre hommage
à Dieu comme à l'auteur de sa
vie, & de reconnoistre que la
tenant de luy sans l'avoir pû
mériter il la doit toute employer
pour son service. Car la raison
veut que nous considerions à quel
dessein il nous a donné l'estre, &
qu'il ne nous a pas seulement
créez, mais nous a créez pour
luy.   II

Il faut enfuite nous appliquer
principalement à ce qui regarde
noftre ame , puis que ce qui eft
le plus important doit eftre con-
fideré le premier , & qu'ainfi
noftre falut eft preferable à tout
le refte.

6.

Nos deux principaux devoirs
confiftent donc en vne parfaite
foumiffion à Dieu , & vn extrême foin de noftre ame : & nous
ne fçaurions nous bien acquiter
de l'vn fans nous acquiter auffi
de l'autre. Ainfi comme lors que
nous rendons à Dieu ce que nous
luy devons nous travaillons pour
le bien de noftre ame , lors que
nous travaillons pour noftre ame
nous nous rendons agreables à
Dieu. Ces deux chofes qui nous
importent de tout font par vn
heureux enchaifnement liées en-
femble de telle forte que pour-
veu que l'on fatisfaffe à l'vne on

7.

satisfait aussi à l'autre; la bonté
de Dieu estant si grande qu'il
reçoit de nous comme vn sacri-
fice le bien que nous procurons
à nostre ame.

3.   Il n'y a point de soin que l'on
n'apporte pour conserver la san-
té du corps & pour le bien traiter
quand il est malade dans l'esperance de le guerir. L'ame est-
elle donc indigne que l'on pren-
ne le mesme soin d'elle? Faut-il
la laisser languir dans ses niaux
comme si elle ne méritoit pas
qu'on y cherchast des remedes?
Et ne doit-on pas au contraire
preferer ce qui la regarde à ce
qui regarde le corps, puisqu'elle est incomparablement plus no-
ble & plus excellente? Car pour
agir avec raison il faut la consi-
derer comme estant la maistresse,
& le corps comme luy estant soûmis; & la justice ne sçauroit

ſouffrir que l'on tienne moins
de compte de la maiſtreſſe que
de la ſervante. Le plus grand
honneur ſe doit rendre à ce qui
eſt le plus éminent & le plus par-
fait. Or les inclinations de la   *Gen. ſc. 2.*
chair la portent au vice & vers   *v. 25.*
la terre d'où elle a tiré ſon ori-
gine. Mais l'ame qui procede du   *Luc 1. v. 17.*
Pere des lumieres s'éleve vers le
ciel comme le feu. Elle eſt en nous
l'image de Dieu & le gage precieux des dons celeſtes qu'il nous
prepare. C'eſt vn dépoſt qu'il nous
a mis entre les mains : il n'y a rien
que nous ne devions faire pour le
luy conſerver fidellement : & cette fidelité eſt la baſe de tout le
bonheur que nous pouvons eſperer. On ne ſçauroit baſtir vne
maiſon ſans en avoir jetté le fondement : & le ſalut eſt le fondement de cet edifice ſpirituel
que nous voulons baſtir. Com-

ment pouvons-nous donc l'ache-
ver si nous ne l'avons pas seulement commencé ? Comment
pouvons-nous pretendre à la beatitude si nous ne travaillons point
à ce qui regarde nostre salut ?
Comment n'ayant pas mesme la
vie pouvons-nous nous flater de
l'esperance de jouïr d'vne vie parfaitement heureuse ? Et enfin de
quoy sert à vn homme en qui
les principes de la vie manquent
de luy presenter de la nourriture ?
Ces paroles de IESVS-CHRIST
nous le font voir :   QVE servi-
roit à vn homme de gagner tout le
monde & se perdre luy-mesme ? On
ne sçauroit rien gagner quand
c'est aux dépens de l'ame, ni ac-
corder le profit avec la perte du
salut. Car peut-on donner le
nom de gain à l'acquisition d'v-
ne chose qui nous échape des
mains ? Le salut est le seul gain

veritable que nous ne fçaurions
trop nous efforcer & nous haſter
d'acquerir par vn ſaint & tout
celeſte commerce.

Peu de jours peuvent nous
procurer vne vie qui ne finira
jamais.   Et quand ces jours ſe
paſſeroient dans l'eſtat le plus
heureux que l'on fçauroit s'imaginer en cette vie , leur petit
nombre les rendroit peu eſtima-
bles , parce que rien de ce qui «
eſt renfermé dans vn petit eſpa- «
ce de temps ne peut eſtre grand «
en effet, ni des plaiſirs beaucoup «
durer lors qu'ils ſe trouvent reſ- «
ſerrez entre des bornes ſi étroi- «
tes.   Quand donc il n'y auroit
point d'autre raiſon de mépriſer
les douceurs de cette vie que ce
que leur peu de durée les rend
ſi peu conſiderables , ay-je tort
de vous exhorter à preferer vne
vie qui ne finira point à vne vie

9.

qui passe si promtement, & vne
felicité eternelle à des contente-
mens fragiles & à des biens pe-
rissables.

10.   Mais cette vie que je vous
propose n'est pas seulement eternelle ; elle est aussi tres-heureuse :
au lieu que la vie d'icy-bas n'est
pas seulement breve ; mais tres-
breve & sujette à mille maux qui
la rendent penible & insupporta-
ble, tant par les douleurs que
nous ressentons en nous-mesmes,
que par ce grand nombre d'accidens étrangers qui les augmentent encore. Car qu'y a-t-il de
plus inconstant & de plus miserable que le cours de cette vie ?
Elle est pleine de travaux, de
soins, & de dangers. Tant de
divers evenemens comme autant
de vents qui l'agitent la met-
tent dans l'inquietude par les
douleurs qu'endure le corps, par

les peines que souffre l'esprit, &
la font flotter dans l'incertitude
de ce qui luy arrivera dans la
tempeste de ce grand nombre de
perils dont elle se voit menacée.

Quel avantage peut-on donc
trouver & quelle raison peut-on
alleguer d'abandonner pour des
maux temporels des biens eter-
nels ?

Ne voyez - vous pas qu'en ce
monde ceux qui sont sages travaillent avec beaucoup plus de
soin & de dépense à rendre lo-
geable & commode vne maison
qu'ils veulent toûjours habiter
qu'vne où ils ont seulement dessein de demeurer peu ? Nous devons de mesme mettre difference entre ces deux vies, dont l'v-
ne n'est que temporelle & l'autre
sera eternelle : & non pas par
vn renversement de tout ordre
si contraire à la raison em-

ployer vn tres-grand soin pour ce
qui durera peu, & n'en employer
que tres-peu pour ce qui durera
toûjours.

12. „ Ie ne sçay ce qui peut le plus
„ nous porter à travailler pour ac-
„ querir cette vie parfaitement
„ heureuse, où les biens à venir
„ qu'elle nous promet, ou les maux
„ presens que nous ressentons,
„ puis qu'autant que les vns doi-
„ vent nous attirer par leur dou-
„ ceur, les autres doivent nous
„ dégoûter par leur amertume.
Ainsi les meilleures choses s'ac-
cordent avec les pires pour nous
faire embrasser le bien, & quoy
que si opposées elles contribuent
toutes à nostre avantage.

13. Que si vn homme de grande
qualité & fort riche vous adop-
toit, il n'y auroit point d'obsta-
cles que vous ne vous efforçassiez
de surmonter, ni d'éloignement
qui

qui vous empeſchaſt de venir en diligence pour recevoir cette grace. Pouvez - vous donc lors que Dieu vous appelle à la poſ-ſeſſion de ſon heritage eternel & veut vous honorer du meſme nom de fils qu'il donne à noſtre Seigneur ſon Fils vnique, n'eſtre pas tranſporté de joye, & ne vous pas haſter de venir de peur qu'vne mort inopinée ne vous empeſche de jouïr d'vn ſi grand bienfait?

Mais il n'eſt point beſoin pour obtenir vne ſi extrême faveur de traverſer de grands deſerts ſecs & arides ni de longs eſpaces de mer ſujets à mille perils: cet-te heureuſe adoption dépend de voſtre volonté. Et ſeroit-il poſ-ſible que vous negligeaſſiez de la recevoir parce qu'il ne vous eſt pas moins facile qu'impor-tant de l'acquerir? C'eſt ce qui

14.

C

rendra bien malheureuse la condition de ceux qui la neglige-
ront lors que l'experience leur
fera connoiftre qu'il eft d'autant
plus dangereux de la refufer qu'il
eft aifé de l'accepter.

15.   „   Comme il eft certain que l'a-
     „ mour de la vie vient de ce que
     „ c'eft par elle que nous jouïffons
     „ des objets qui nous font agrea-
     „ bles, nous exhortons ceux qui
     „ l'aiment à l'aimer encore davan-
     „ tage. Et parce que le plus puif-
     „ fant moyen de perfuader eft de
     „ ne demander des perfonnes que
     „ les chofes où leur inclination les
2.1 Cor, 5. „ porte, je ne veux vous parler
20.   „ qu'en faveur de la vie, & vous
Eph 6. 10. „ faire voir que fi vous avez tant
     „ d'affection pour vne vie qui eft
     „ fi courte, vous devez en avoir
     „ beaucoup davantage pour vne
     „ vie qui eft eternelle. Car com-
     „ ment pouvons-nous aimer la vie

fans la defirer tres-heureufe ? Si «
donc toute breve qu’elle eft elle «
nous eft fi chere : ne doit-elle «
pas vous eftre encore beaucoup «
plus agreable fi elle peut eftre «
perpetuelle ? Et fi nous l’efti- «
mons tant lors qu’elle eft bor- «
née & finie, ne devons-nous pas «
la confiderer comme eftant fans «
prix fi elle n’a plus ni bornes ni «
fin ? La raifon veut donc que «
la vie la moins importante cede «
à celle qui nous importe detout, «
& ne foit confiderée que comme «
vn paffage pour y arriver, puis «
que fi au lieu de contribuer à «
noftre bonheur elle y formoit de «
l’obftacle par la crainte d’eftre «
privez de quelques douceurs & «
de quelques commoditez pre- «
fentes, nous tomberions dans «
cette fole abfurdité de perdre «
par noftre amour pour la vie la «
feule veritable vie. «

C ij

16. „ Soit donc que vous méprisiez
„ ou que vous aimiez la vie pre-
„ sente, je ne dois pas avoir gran-
„ de peine à vous persuader; puis
„ que si vous la méprisez ce ne
„ peut estre que par le desir d'en
„ posseder vne meilleure ; & que
„ si vous l'aimez vous devez à plus
„ forte raison en aimer vne qui
„ est incomparablement plus heu-
„ reuse.

17. Mais je desirerois que vous
„ méprisassiez cette vie presente
„ en considerant combien tant de
„ travaux, de chagrins, & d'in-
„ quietudes dont elle est pleine la
„ rendent penible. Il faut rom-
„ pre cette chaisne des affaires se-
„ culieres qui par tant de diverses
„ occupations engagent dans vn
„ travail qui dure autant que la
„ vie. Il faut s'affranchir de ces
„ liens dont les nœuds entrelassez
„ font que l'on n'est pas plûtost

forti d'vn embarras qu'on fe
trouve dans vn autre , & que
c'eft ainfi toûjours à recommen-
cer. Renonçons à ces foins inutiles qui nous occupant fans ceffe
abregent vne partie de noftre
vie déja fi breve par elle-mefme.
Renonçons à ces caufes de nos
fauffes joyes , de nos profondes
trifteffes , de nos defirs inquiets,
& de nos craintes mal fondées.
Renonçons à tout ce qui fait
que la vie prefente eftant trop
courte pour fuffire à tant de chofes où nous l'employons , les
peines que nous y fouffrons nous
la font paroiftre fi longue. Et
enfin renonçons à cette vie du
monde à qui de quelque cofté
qu'on la confidere on ne fçauroit fe fier , tant les plus hautes
& les plus baffes fortunes y font
également peu affurées. Les vnes
font comme les combles de ces

grands palais que leur hauteur
fait chanceler ; & les autres comme les toits de ces cabanes que
le moindre vent peut jetter par
» terre. Ainſi en quelque condi-
» tion que l'on ſoit on n'y ſçau-
» roit trouver de repos : Elles ſont
» toutes expoſées aux coups de la
» tempeſte. Les grandes ſont en-
» viées, & les petites ſont oppri-
» mées.

18.   Deux choſes à mon avis engagent principalement les hommes
dans les affaires du ſiecle, & les
y retiennent attachez par l'at-
trait qu'y trouvent les ſens, l'a-
bondance des richeſſes, & l'é-
clat des honneurs : dont la premiere eſt plûtoſt vne indigence
qu'vne abondance : & l'autre
plûtoſt vne vanité qu'vne digni-
té. Ces deux choſes nous tendent tour à tour des pieges pour
nous empeſcher de marcher dans

le chemin de la vertu. C'eſt pour nous vne dangereuſe compagnie, qui par des attraits flatteurs nous inſpire l'amour du vice, & nous ſollicite ſans ceſſe de nous abandonner à la volupté.

Pour commencer par ce qui regarde les richeſſes. Qu'y a-t-il qui ſoit plus à craindre, puis qu'il arrive tres-rarement qu'on les acquiere par des voyes juſtes; & qu'on les conſerve preſque toûjours par les meſmes voyes qu'on les a acquiſes? L'AMOVR *du bien*, dit l'Apoſtre, *eſt la racine de tous les maux*. Car les richeſſes donnent ſujet à ceux qui les poſſedent d'offenſer les autres. Ce qui a fait dire à vn homme de pieté: Que ſont les richeſſes ſinon vne matiere de faire du mal? Et ne peut-on pas ajoûter, qu'elles ſont comme des recompenſes propoſées aux méchans qui les

19.

1.Tim. 6.10.

excitent à perfecuter ceux qui
les poffedent?

20.　　Mais quand cela n'arriveroit
pas : pouvons-nous nous affurer
de les emporter avec nous fi nous
eftions contraints de nous enfuir?
Voyez ce que dit David fur ce
Pfalm. 38. fujet : L'AVARE *affemble des tre-*
10.　*fors , & ne fçait pour qui il les*
affemble.

21.　　Mais je veux que l'on ait pour
heritier celuy que l'on defire :
N'arrive-t-il pas fouvent que cet
heritier vfera mal de ce bien, &
qu'vn fils mal élevé, ou vn gen-
dre mal choifi diffipera ces ri-
cheffes affemblées avec tant de
peine? Quelle fi grande joye peu-
vent-elles donc donner, puis que
leur poffeffion eft traverfée par
tant de fujets de chagrin & d'inquietude, & que l'on eft fi peu
affuré qu'elles rendent heureux
ceux à qui on les veut laiffer?

Dans quelles imprudences & quels égaremens les passions déreglées des hommes ne les font-ils point tomber? Ils aiment des choses qui leur sont étrangeres, & ne s'aiment pas. Leurs affections se répandent toutes au dehors: & ce que mille accidens peuvent leur ravir leur est plus cher qu'ils ne sont chers à eux-mesmes. Qui doute que si vous aviez de l'estime pour quelqu'vn vous aimeriez mieux qu'il aimast vostre personne que vos richesses, & qu'il prist plus de soin de la conservation de vostre vie que de celle de vostre bien? Faites donc pour vous ce que vous voudriez qu'vn autre fist, & que nul autre n'est si obligé de faire puis que vous estes vostre meilleur amy.

Voilà pour ce qui regarde les richesses: Il faut maintenant

» venir à ce qui regarde les hon-
» neurs : Or quelle estime en doit-
» on faire, puis que l'ambition &
» les brigues y élevent les méchans
» confusément avec les bons ; qu'
» vn mesme honneur se donne à
» des hommes d'vn merite tres-
» dissemblable, & que les dignitez
» au lieu de distinguer ceux qui
» en sont dignes d'avec ceux qui
» en sont indignes les confondent
» de telle sorte que par vn renver-
» sement étrange on ne voit jamais
» moins que dans les honneurs la
» difference qui devroit estre entre
» les plus gens de bien & les plus
» méchans ? Ainsi n'y a-t-il pas
» plus d'honneur à mépriser de
» tels honneurs qu'à les posseder,
» & à aimer mieux estre estimé par
» sa vertu que par ces dignitez qui
» se donnant indifferemment ne
» sont point vne preuve du merite?
» Mais quelles que soient ces

dignitez combien font-elles peu
affurées? Il n'y a pas long-temps
que nous avons veu des hommes
élevez au comble des honneurs,
qui avoient du bien dans toutes
les parties du monde , & dont
le bonheur alloit mefme au delà
de leurs fouhaits : & pour paffer
de la felicité des particuliers à
celle des Souverains, nous avons
veu des Rois redoutables, dont
le diadême éblouïffoit les yeux
par l'éclat des plus riches pier-
reries , dont les fuperbes palais
brilloient de toutes parts par les
ornemens des plus precieux me-
taux & la plus grande magnificence que l'on fe puiffe imaginer,
dont les volontez eftoient des
loix , & les paroles des oracles.
Mais qui peut mettre fa confiance en ces grandeurs temporelles
qui femblent établir ces perfon-
nes au deffus de la condition des

autres hommes ? On ne leur fait
plus la cour : leurs prodigieuses
richesses sont dissipées ; & eux-
mesmes ne sont plus. Ces mo-
narchies si puissantes ne nous paroissent maintenant qu'vn songe :
toute leur grandeur s'est éva-
nouïe ; & ceux qui en portoient
le sceptre n'ont rien emporté avec
eux de toutes ces richesses , de
tous ces honneurs , & de toute
cette grandeur mondaine.

25.   Leur seule pieté s'ils en ont
eu , les a suivis dans l'autremon-
de sans les abandonner jamais :
& c'est dans les richesses & les
honneurs dont elle les fait jouïr
qu'ils trouvent leur repos & leur
bonheur.

26.   Si nous sommes touchez de l'a-
mour des richesses & des honneurs, travaillons pour en acquerir de veritables. Nous pouvons
par le moyen de la vertu changer

ces honneurs & ces biens terreſtres
en des honneurs & des biens celeſtes dans cette autre vie où l'on
ordonnera de la recompenſe des
bonnes œuvres & du chaſtiment
des crimes avec vn parfait diſ-
cernement & vne juſtice tres-
exacte, & où l'on poſſede toûjours le bonheur que l'on a vne
fois acquis ſans jamais craindre
de le perdre.

　Aprés avoir parlé du peu de　27.
fondement que l'on doit faire
ſur des biens auſſi fragiles que
ſont les biens temporels, il nous
faut auſſi dire quelque choſe du
peu de cas que l'on doit faire
d'vne vie auſſi breve qu'eſt la
noſtre. Dans quel enchantement
ſommes-nous? Rien n'eſt plus
ſouvent expoſé à nos yeux que
la mort; & nous n'oublions rien
ſi aiſément que la mort. Tous
les hommes y courent avec vne

rapidité nompareille & ne cesse-
ront jamais d'y courir dans toute la suite des siecles. Nos peres
sont partis les premiers : nous
irons aprés eux; & nos descen-
» dans nous suivront. De mesme
» que l'on voit les flots aprés s'estre
» élevez les vns sur les autres se
» briser contre le rivage, tous les
» âges s'entresuivent & se termi-
» nent à la mort qui est comme
» l'écueil de la vie. Cette pensée
» de nostre humaine condition est
» comme vne voix qui crie jour &
» nuit à nos oreilles que la fin de
» nostre vie s'approche, & qu'elle
» arrivera d'autant plûtost qu'elle
» a retardé davantage. Préparons-
nous donc à ce dernier jour que
nous ignorons s'il est éloigné suivant ces paroles d'vn Prophete.
Malach. 3.1. PRE'PARONS-*nous à voir venir*
la fin de nostre course.

28.   Le moyen de ne point en effet

craindre la mort quoy qu'elle foit
toûjours accompagnée de quelque crainte ; eft de s'entretenir
d'vne meditation fi vtile. Et
ceux-là font veritablement heureux qui avant qu'elle arrive fe
font reconciliez avec I E S V S-
C H R I S T, qui fe font préparez
à cette derniere heure, & qui
l'attendent dans le filence avec
vn efprit tranquille comme leur
important peu de perdre vne vie
temporelle lors que c'eft pour
paffer à vne vie eternelle.

La multitude de ceux qui par   29.
vn aveuglement déplorable né-
gligent ce qui regarde leur falut,
ne doit pas nous faire auffi ne-
gliger le noftre. Car quel fe-
cours pourrons-nous tirer de
cette multitude de coupables
dans ce terrible jugement où
Dieu aprés avoir examiné nos a-
ctions nous condamnera ou nous

absoudra selon qu'elles l'auront
merité. Ne soyons pas si impru-
dens que de nous laisser flater de
ces fausses consolations. Il vaut
mieux se sauver avec peu d'autres que de perir avec plusieurs.
Le grand nombre de pecheurs
ne doit pas nous faire oublier
nos pechez , ni leur folie nous
» servir de loy. Il faut toûjours
» au contraire regarder les fautes
» comme estant honteuses : & ja-
» mais comme vn exemple qu'on
» doive imiter.

30.   Que si les exemples vous tou-
chent , proposez-vous ceux qui
bien qu'en plus petit nombre
sont beaucoup plus considerables
que la multitude de ceux qui y
sont contraires. Voyez comment
agissent ces veritables sages qui
se representent à quelle fin Dieu
les a créez , qui travaillent sans
cesse à l'ouvrage de leur salut ,
qui

se rendent celebres par leurs bonnes actions , éclatent par leur
vertu , & cultivent avec tant de
soin leur vie presente qu’elle de-
vient l’heureuse semence d’vne
vie celeste & eternelle.

Nous ne manquons point de
ces grands exemples. Car ne
voit on pas des hommes illustres
par leur naissance , élevez par
leur merite aux grands honneurs,
tres-sages, tres-eloquens, & tres-
sçavans dans les belles lettres
qui ont tout quitté pour s’en-
rôller dans cette milice sainte ?
Quelle condition si sublime ne
baisse point la teste pour se soû-
mettre avec humilité à ce joug
si doux ? Et peut-il y avoir vne
plus grande folie que de negli-
ger son salut ? Ie pourrois rap-
porter vn tres - grand nombre
d’exemples de ceux qui ont renoncé à tout pour embrasser cette

vie parfaite & se consacrer entierement au service de Dieu.
Mais je me contenteray d'en
marquer icy quelques-vns.

32.
S. Clement
Pape.

CLEMENT qui avoit tiré sa
naissance d'vne des plus ancien-
nes familles des Senateurs &
mesme de la race des Cesars, &
qui excelloit dans les sciences &
les belles lettres, abandonna
tout pour entrer dans cette vie
étroite des justes qui conduit
à la seule veritable vie, & se
rendit si recommandable par ses
eminentes vertus qu'il fut choisi
pour successeur du Prince des
Apostres.

33.
S. Gregoire
Thaumatur-
ge.

GREGOIRE Prestre qui estoit
de Pont & qui passoit pour le
plus grand philosophe & l'vn des
premiers orateurs de son temps,
mais plus recommandable encore
par ses admirables vertus, arriva
jusques à vn tel degré de sain-

teté qu'entre autres grands miracles que noſtre hiſtoire rapporte de luy, elle dit qu'il fit changer de place à vne montagne, & ſecher vn lac.

Vn autre Saint qui portoit auſſi le nom de GREGOIRE & qui n'excelloit pas moins dans la philoſophie & les belles lettres, embraſſa de meſme cette celeſte philoſophie : & BAZILE ſon amy qui s'eſtoit auſſi rendu celebre dans les ſciences humaines enſeignant la rhetorique il entra dans le lieu où il en faiſoit des leçons publiques, le prit par la main, l'emmena dehors, & luy dit : Quittez cet exercice profane pour penſer à voſtre ſalut. Tous deux furent enſuite d'excellens Preſtres, & l'vn & l'autre ont laiſſé à l'Egliſe dans leurs admirables ouvrages des marques de leur inſigne pieté &

34.

S. Gregoire de Nazianze & S. Bazile le grand.

D ij

de leur profonde doctrine.

35.
*S Paulin
Evesque de
Nole.*

PAVLIN Evesque de Nole ce grand & saint exemple de nostre France, dont les richesses estoient immenses & l'éloquence comme vne source inépuisable, est tellement entré dans ce mesme sentiment de préferer le salut à tout le reste, qu'il n'y a presque point de lieu dans le monde où ses charitez & les ouvrages admirables de son esprit ne se trouvent heureusement répandus.

36.
*Hilaire &
Petrone.*

HILAIRE & PETRONE Evêques en Italie qui estoient tous deux en tres-grande consideration n'ont-ils pas renoncé à cette fortune mondaine, l'vn pour se rendre Religieux, & l'autre pour se faire Prestre?

37.

Ie n'aurois jamais fait si je voulois encore remarquer parmy ce grand nombre de personnes d'vn merite si extraordinaire *Firmien,*

Minucien, Cyprien, Hilaire, Iean,
& Ambroise qui se sont tous à mon
avis dit à eux-mesmes ces paroles dont l'vn des nostres se servit
comme d'vn éguillon pour s'ex-
citer à quitter le siecle afin d'embrasser cette heureuse vie. *Les*
ignorans ravissent le ciel: Et nous
avec toute nostre science sommes si
stupides que nous demeurons toû-
jours ensevelis comme des bestes
dans la chair & dans le sang. Ils
ont sans doute parlé de la sorte,
& ensuite ravy le ciel avec vio-
lence.

  Aprés ce que je viens de dire
de l'ardente & vive foy de quelques-vns de ceux qui s'estant ren-
dus celebres par leur science &
leur eloquence s'estoient élevez
à de grands honneurs, je veux
passer jusques à ce qu'il y a de
plus éminent dans le monde qui
est les Rois. Et sans m'arrester

Aug. lib. 8.
Conf. c. 8.

38.

aux autres je parleray seulement
de ceux que l'histoire Sainte
nous apprend avoir esté les plus
remarquables, qui sont David
par sa pieté, Iosias par sa foy, &
Ezechias par son humilité. Quelques Princes mesme de nostre
temps ont eu vne fort particuliere connoissance du Roy veritable, & confessé avec vne profonde soumission de cœur qu'il
est le Seigneur des seigneurs &
le Souverain des souverains.
Nous voyons aussi dans les cours
des Rois, des Princesses qui luy
rendent l'adoration qui luy est
» deuë : & je croy que l'on ne se
» porte à rien tant imiter que l'e-
» xemple de ceux qui nous propo-
» sant vn bonheur à venir ont sur
» nous vne autorité presente.
39. » Vous voyez aussi que les jours,
les années, & tous ces astres qui
parent les cieux observent par vn

cours reglé & vne exacte & continuelle obeïssance aux ordres de Dieu, les loix qu'il leur a prescrites. A combien plus forte raison puis qu'il ne les a créez qu'en nostre faveur & que nous sommes instruits de ses volontez devons-nous donc luy rendre vne parfaite obeïssance? Et n'y sommes-nous pas d'autant plus obligez, qu'au lieu qu'il n'a donné qu'vne fois à cette grande machine du monde l'ordre qu'elle suit toûjours, il nous renouvelle en tant d'endroits ses saintes ordonnances & ses divins commandemens? Apprenons donc au moins par l'exemple des creatures inanimées à faire ce que nous devrions beaucoup plûtost qu'elles faire par nous-mesmes, puis que nulle d'elles n'est si obligée que l'homme d'obeïr à la volonté de son createur.

40.   Mais s'il y en a de si malheureux que de ne vouloir pas ren-
trer sous l'obeïssance de celuy
dont ils tiennent l'estre: pour-
ront-ils éviter de tomber entre
ses mains, & où se cacheront-ils
lors qu'ils voudront s'enfuir pour
éviter sa presence ? Qu'ils écou-
tent sur cela ce que dit ce grand
Psal. 138.6. Roy & ce grand Prophete. *Ov*
pourrois-je aller pour me cacher à
vostre esprit ? Ou pourrois-je fuir
pour me dérober à vostre veuë ? Si
je montois dans le ciel je vous y
trouverois: & si je descendois jus-
ques dans le fond des enfers je vous
y trouverois encore. Si je prenois des
aisles & m'envolois à l'extremité
de l'Orient, ou si je me retirois à
l'extremité de l'Occident, vous m'y
viendriez prendre de vostre main
pour me mener où il vous plairoit,
& vous m'y tiendriez de vostre
» *droite.* Soit donc que ces esprits
aveuglez

aveuglez le veuillent ou ne le «
veuillent pas ils ne sçauroient «
lors qu'ils s'éloignent de Dieu «
par leur volonté se dérober à sa «
puissance parce qu'elle est infinie. «
Ils sont absens de luy par affe- «
ction : mais il leur est present «
par le souverain empire qu'il a «
sur ses creatures, & dans ce dé- «
plorable égarement qui les rend «
par leur folie desagreables à ses «
yeux, ils se trouvent soûmis à «
son pouvoir. Que s'il n'y a point «
de maistre lors que son esclave
s'enfuit qui ne le poursuive
avec ardeur pour le reprendre
& le punir : pourquoy afin d'é-
viter le chastiment ne rendrons-
nous pas à Dieu ce qui est à
luy, & ne nous ferons-nous pas
justice à nous-mesmes en nous
remettant entre ses mains, &
en rentrant volontairement dans
son service?

E

41. D'où vient que nous nous attachons avec tant d'affection aux choses presentes & visibles? Est-ce qu'entre tous nos sens celuy de la veuë est le seul dont nous devons faire vsage? Dieu ne nous a-t-il pas aussi donné l'ouïe pour entendre les promesses qu'il nous fait? & les oreilles ne doivent-elles pas aussi bien que les yeux produire en nous de grands sentimens par l'esperance des choses qui nous sont promises, & dont nous attendons l'effet avec vn ardent desir qu'elles arrivent? C'est par ce moyen que cet auteur de nostre estre grave dans nostre esprit vne ferme creance qu'il accomplira ses promesses. Et comme elles sont telles que nous les pouvons souhaiter, que ne devons-nous point faire afin de les voir réüssir?

Mais le moyen de bien vſer
de nos yeux, & de ſe ſervir de
l'admiration qu'ils nous font concevoir de la beauté de l'vnivers
pour élever nos penſées vers l'auteur de ce grand ouvrage, eſt de
conſiderer quelle doit eſtre la
lumiere qu'ils verront dans vn
autre monde, puis qu'elle ſur-
paſſera autant celle d'icy - bas
qu'il y a de difference entre les
choſes periſſables & les eternelles. Il faut donc nous ſervir de
nos ſens en la maniere qui nous
eſt la plus avantageuſe, & en
vſer de telle ſorte qu'en les ren-
dant vtiles pour cette vie temporelle nous ne les rendions pas
inutiles à nous en procurer vne
qui n'aura jamais de fin.

Que ſi nous trouvons de la
ſatisfaction & du plaiſir dans cet
amour des creatures qui nous
détourne de l'amour de Dieu:

quel doit eftre l'incomparable
plaifir de l'aimer luy-mefme, luy
que l'on ne fçauroit trop aimer
puis qu'il ne comprend pas feule-
ment tout ce qui merite par ex-
cellence d'eftre aimé; mais qu'il
eft par fon effence l'vnique bien
eternel, & que le comble de la
pieté confifte à brûler de l'adorable feu de fon amour en renon-
çant à toutes les autres affections
pour le rendre le maiftre abfolu
de noftre cœur? Car fi la magnificence vous charme : qui eft fi magnifique que Dieu? Si vous eftes
tranfporté du defir de la gloire:
quelle gloire egale la fienne? Si
les objets brillans de lumiere
vous attirent par leur éclat: n'eft-
il pas cette lumiere increée qui
efface toutes les autres? Si la
beauté vous ravit: qu'y a-t-il
de fi beau que luy? Si vous cou-
rez aprés la recherche de la ve-

rité & vous réjouïſſez lors que
vous penſez l'avoir trouvée :
n'eſt-il pas l'infaillible & eternelle verité? Et enfin ſi vous admirez la liberalité dans ceux que
vous croyez poſſeder cette vertu:
qu'y a-t-il de comparable aux lar-
geſſes de ce Createur de l'vnivers
qui eſt la ſource de tous les biens
qui peuvent nous enrichir ? Vous
admirez la pureté & la ſincerité:
& rien n'eſt ſi pur & ſi ſincere
que ſa bonté. Vous recherchez
l'abondance : & il abonde en
toutes choſes. Vous aimez la
fidelité : & ſa fidelité eſt immua-
ble. Vous deſirez ce qui vous
eſt avantageux : & rien ne l'eſt
tant que ſon amour. Que ſi vous
reverez vne juſte ſeverité , &
eſtes touché de ce qui donne du
plaiſir : qu'y a-t-il de plus re-
doutable & de plus favorable
tout enſemble que la grandeur

E iij

de Dieu ? Nous avons recours
à sa bonté dans nos peines, &
à sa douceur dans noſtre proſpe-
rité. Il eſt toute noſtre joye dans
noſtre bonne fortune, & toute
noſtre conſolation dans la mau-
vaiſe. Ainſi qu'y a-t-il de plus
raiſonnable que d'aimer par deſſus tout celuy en qui nous trouvons tout, & qui nous eſt tout?
Les richeſſes & toutes les autres
choſes qui vous rendent la vie
agreable ne ſe rencontrent pas
ſeulement en luy, mais viennent
de luy.

44.　　Raſſemblez donc maintenant
pour le donner à Dieu ſeul l'a-
mour que vous avez juſques-icy
répandu ſi injuſtement dans les
creatures : que vos affections
mieux reglées n'ayent deſormais
que de ſaints objets ; & recon-
noiſſant voſtre erreur donnez entierement voſtre cœur à Dieu.

Qu'y a-t-il de plus raisonnable,
puis que tout ce que vous aimez
luy appartient. Car il est si grand «
que ceux qui sont si malheureux «
que de ne le pas aimer, ne sçau- «
roient rien aimer qui ne soit à «
luy. «

Ie laisse au jugement de tout «
homme raisonnable, s'il est juste «
de ne tenir compte de l'ouvrier «
dont on admire l'ouvrage, & d'a- «
bandonner le Createur de toutes
choses pour se laisser emporter
sans discernement à de folles passions ? Au lieu que l'on devroit
s'efforcer de se faire aimer de
Dieu quand on n'y feroit poussé
que par l'estime & l'affection que
l'on a pour les œuvres de ses
mains, il y a des gens si malheureux que de rendre à des statuës
inanimées & par consequent indignes de leur affection, le culte
qui n'est deu qu'à Dieu , & qui

45.

par vn étrange renverſement de
tout ordre embraſſent ainſi vne
vaine image ſans conſiderer ce
qu'ils doivent à celuy qui en eſt
l'auteur.

46.   Mais qu'eſt-ce que nous ve-
nons de dire de la bonté & de
l'amour de Dieu pour nous en
comparaiſon de cette multitude
infinie de graces & de bienfaits
dont il eſt l'adorable & l'inépui-
ſable ſource, & qui en peut par-
» ler dignement ? Nous devons
» donc eſtre perſuadez qu'il ne
» nous eſt pas ſeulement avanta-
» geux, mais neceſſaire de l'aimer,
» puis que nous ne ſçaurions ſans
» impieté ne pas aimer celuy à qui
» nous demeurons toûjours rede-
» vables encore que nous l'ai-
» mions ; & que rien n'eſt plus
» injuſte que de ne vouloir pas fai-
» re tout ce que l'on peut pour
» payer ce que l'on doit lors qu'en-

core qu’on le veuïlle on ne sçau- «
roit s’acquitter. David nous l’ap- «
prend par ces paroles. QVE ren- *Psal. 115.*
dray-je au Seigneur pour tous ses
bienfaits & pour toutes ses faveurs?
Et comment pouvons - nous assez
reconnoistre ce que nous luy devons quand nous ne luy aurions
point d’autre obligation que de
nous sauver par la foy qui est
le moyen le plus facile de rele-
ver nos esperances aprés la chû-
te de nos premiers parens, &
de nous rendre la vie que leur
desobeïssance nous avoit fait
perdre ?

Il faut passer à d’autres con-
siderations moins interieures.
Pourquoy pensez-vous que Dieu
ait permis que tant de nations &
de royaumes ayent esté soûmis à
l’empire Romain, & qu’ainsi
vne grande partie du monde ne
soit devenuë que comme vn seul

peuple , si ce n’est afin que de
mesme qu’vn medicament salutaire se répand dans toutes les
parties d’vn corps malade, la foy
par le moyen de cette nation
victorieuse de tant d’autres se
répandist dans toutes celles qui
luy estoient assujetties ? Car autrement comment auroit-elle pû
passer d’vn cours si rapide dans
tant de provinces si differentes
de mœurs , de coûtumes , & de
langage ? Mais vous voyez que
par le moyen de ce peuple saint
Paul , comme il le dit luy-mesme , a porté l’Evangile de Iesvs-Christ depuis Ierusalem
jusqu’en l’Illirie. Et comment
auroit-il pû autrement le faire
recevoir dans vne telle étenduë
de païs si farouches & si barbares ?
De là vient que l’orient, l’occident , le septentrion , & le mi-
dy retentissent des loüanges de

IESVS-CHRIST, & que la Thrace, la Libye, la Syrie & l'Espagne ont embrassé nostre sainte religion. Il ne faut point de meilleure preuve de la bonté de Dieu en cela que ce que le Sauveur du monde a voulu naistre dans le temps que sous l'empire d'Auguste la grandeur Romaine estoit arrivée à son comble. Ainsi pour ne vous alleguer qu'vne chose dont vous estes pleinement instruit, on ne sçauroit nier si l'on y veut faire attention, que tout estoit preparé à recevoir & répandre la foy dans tout l'vnivers lors de l'avenement de IE-SVS-CHRIST tant de siecles depuis la fondation de Rome & son accroissement sous l'autorité de ses Rois & la double administration de ses Consuls.

Mais il faut reprendre la suite de mon discours : N'AIMEZ 48.

1. Iean. 2.15

à sa fin. Les forces luy manquent : & dans sa vieillesse on
le voit tomber sous le faix qu'il
a porté durant tant de siecles.
La famine, la peste, la guerre,
la desolation des provinces , &
tant d'autres maux qu'il souffre
sont les maladies qui le reduisent
dans la langueur : & les signes
qui paroissent dans le ciel , les
tremblemens de terre , le renversement des saisons, & la quan-
tité de monstres sont autant de
prodiges qui presagent sa défail-
lance. Ce n'est pas moy seul qui
le dit l'Apostre luy-mesme nous
l'apprend par ces paroles. *Nous
sommes arrivez à la fin des siecles.*
Qu'attendons - nous donc , &
pourquoy differer à nous resou-
dre ? Le dernier jour non seulement de nostre vie, mais de la
durée de l'vnivers s'approche.
Chaque heure nous avertit qu'il

1. Cor. 19, 12.

faut se préparer à la mort, que «
nous ne sçaurions nous en exem- «
ter, & que quand nous n'y se- «
rions pas sujets par nous-mes- «
mes, nous la trouverions dans la «
fin du monde. Ainsi nostre con- «
dition est si miserable que nous «
avons ce double sujet de trem= «
bler comme si vn seul ne suffisoit «
pas. Pourquoy donc nous flater «
dans nos justes craintes ? Pouvons-nous croire estre en sureté
lors qu'outre le peril que nous
courons en particulier, nous
nous trouvons prests d'estre en-
velopez dans ce peril general in-
évitable à tous les hommes ?

Peut-on donc trop déplorer « 51.
le malheur de ceux qui ne jouïs- «
sant point des douceurs que l'on «
recherche dans la vie presente «
ne se consolent pas par l'espe- «
rance de participer vn jour à la «
felicité du ciel ? Ils ne goûtent «

point les plaisirs passagers, & ne
peuvent s'en promettre d'eter-
nels. Ils n'ont presque rien en
ce monde, & rien du tout à pretendre en l'autre. En verité on
ne sçauroit trop les plaindre, si
ce n'est que le sentiment de leur
extrême misere les réveille, qu'-
ils reviennent de leur égarement,
& qu'en changeant de conduite
ils se contentent d'estre misera-
bles dans le siecle present sans
l'estre encore dans le siecle avenir.

52.   L'esperance de cet avenir doit
donc estre le principal & conti-
nuel objet de nos pensées : &
je rapporteray sur ce sujet vn
exemple que je croy pouvoir
servir à l'acquerir & à la fortifier. Si l'on offroit à vn homme de luy donner à l'heure mesme cinq pieces de monnoye de
cuivre, ou cinq cens écus d'or
s'il

s'il vouloit attendre jufques au «
lendemain à recevoir le prefent «
qu'on luy veut faire : qui doute «
qu'il ne fouffrift avec joye vn «
petit retardement qui luy feroit «
fi profitable ? Comment donc «
connoiffant la difference qu'il «
y a entre cette vie fi bréve, & «
vne vie eternelle, ne choifirez- «
vous pas plûtoft de n'avoir icy «
bas que des chofes viles dans «
l'efperance d'en poffeder dans le «
ciel qui feront fans prix, puis «
qu'il n'y a point d'apparence de «
fe contenter de peu lors que l'on «
a fujet d'efperer beaucoup. Que «
s'il n'y a rien de tout ce que nous
voyons en ce monde qui ne foit
fragile & periffable, & qu'efperer & attendre marquent vne
mefme chofe, il eft évident que
nous ne pouvons obtenir l'effet
de noftre efperance dans vne vie
où les chofes nous font prefen-

F

tes & où nous en jouïſſons. Ce
qui a fait dire à l'Apoſtre : NOVS
ſommes ſauvez par l'eſperance. Or
quand on void ce qu'on avoit eſperé
ce n'eſt plus eſperance , puis que nul
„ n'eſpere ce qu'il voit déſja. Nous
„ devons donc agir par l'eſperance
„ au regard des choſes futures com-
„ me c'eſt par elle que nous agiſſons
„ au regard des choſes humaines.
Car pour eſperer il faut neceſſai-
rement eſtre dans l'attente & non
pas dans la jouïſſance de ce que
l'on eſpere , puis qu'alors nous
nous promettons que ce qui fait
le ſujet de noſtre eſperance nous
ſera vn jour plus viſible que l'eſperance d'en jouïr ne nous le
rend preſentement manifeſte.

53.   Comme nous ne ſçaurions diſ-
cerner diſtinctement les objets
qui ſont ſi proches de nos yeux
qu'ils ſemblent en obſcurcir la
lumiere , & que nous voyons

beaucoup mieux ceux qui font
plus éloignez de nous & ainſi
plus proportionnez à noſtre veuë:
il en arrive de meſme dans les
choſes preſentes & futures.

Ce n'eſt pas vne autorité capable d'eſtre ſurpriſe & trompée
qui nous donne cette confiance.
IESVS-CHRIST noſtre Sei-
gneur qui n'eſt pas ſeulement
veritable mais la verité meſme,
a promis aux juſtes vn royaume
ſans bornes & ſans limites & des
recompenſes eternelles, luy qui
par l'ineffable myſtere de ſon in-
carnation eſtant Dieu & homme
tout enſemble a reconcilié les
hommes avec Dieu ; & qui par
vn autre myſtere non moins in-
concevable a obtenu l'abſolution
de leurs crimes par le ſang qu'il
a répandu pour eux ſur la croix.
Il s'eſt reveſtu de noſtre chair :
Il nous a juſtifiez par ſon Eſprit

saint : Il s’eſt fait voir aux An-
ges : Son nom a eſté preſché dans
toutes les nations : elles ont crû
en luy ; & il eſt monté au ciel
tout evironné de gloire : DIEV
l’a élevé, comme dit ſaint Paul,
à vne ſouveraine grandeur, & luy
a donné vn nom qui eſt au deſſus de
tous les noms, afin qu’au nom de
IESVS tout genou fléchiſſe dans le
ciel, ſur la terre, & dans les en-
fers ; & que toute langue confeſſe
que le Seigneur IESVS-CHRIST
eſt dans la gloire de Dieu ſon Pere.

55.   Que ne quittez-vous donc
l’étude de cette vaine philoſophie pour vous inſtruire dans la
ſcience ſalutaire de la religion
chreſtienne ? Vous y trouverez
auſſi bien que dans les auteurs
prophanes de quoy exercer voſtre eſprit & voſtre eloquence : &
vous connoiſtrez bien-toſt combien ces preceptes ſalutaires ſon-

dez sur la verité & qui portent à la
pieté sont préferables à ces autres
preceptes purement humains.
Car au lieu qu'il n'y a dans ces
derniers qu'vne fausse sagesse &
que les vertus qu'ils enseignent
sont meslées de mille défauts, les
autres ne tendent qu'à enseigner
vne parfaite justice & la verité
toute pure. Ce qui montre que
ces prétendus philosophes ne le
sont que de nom : mais que les
chrestiens le sont en effet. Car
comment peuvent-ils donner des
preceptes pour bien vivre , puis
que dans l'ignorance où ils sont
de Dieu ils ne connoissent point
le principe de la justice, & tom-
bent ainsi dans vne infinité d'er-
reurs qui sont que tout le fruit
de leurs études est la vanité :
Que s'il se rencontre dans leurs
écrits quelque chose de loüable,
c'est à cette vanité qu'on le doit

attribuer puis qu'elle seule les fait
agir sans qu'ils se proposent aucu-
ne autre fin. Ainsi ce qui paroist
en eux estre sans défaut, n'en est
pas exempt : & c'est d'eux dont
saint Paul dit, *QV'ILS n'ont des
pensées & des affections que pour
la terre.* On voit donc claire-
ment qu'ils ignorent quelle est
la veritable justice & la veritable
sagesse.   Et comment la verité
pourroit - elle estre connuë par
vn disciple d'Aristipe , dont il
paroist bien que l'esprit ne diffe-
roit point de celuy des bestes
brutes puis qu'il establissoit la
beatitude dans les voluptez du
corps ? Et comment celuy dans
l'esprit duquel vn prodigue, vn
impudique , & vn adultere ne
laissent pas de passer pour philosophes , peut-il donner des pré-
ceptes d'honnesteté & de justice ?
Mais je remets à vn autre lieu

à parler contre ces philosophes pour revenir au sujet de ce discours.

Laissez donc là je vous prie les recueils que vous prenez plaisir à faire des matieres qui vous paroissent les plus belles dans les écrits de ces philosophes, pour vous occuper à lire les ouvrages des auteurs ecclesiastiques. Vous y trouverez de quoy vous remplir l'esprit d'instructions admirables, & de quoy fortifier voftre foy, non par de simples paroles mais par des paroles efficaces : car pour entendre l'Ecriture sainte il faut la croire. Vous y apprendrez à craindre Dieu parce qu'il est le Seigneur, & à l'aimer parce qu'il est voftre pere. Vous y apprendrez quelles font les veritables hofties qu'il demande, & que la justice & la misericorde

56.

font les facrifices les plus agreables qu'on luy puiffe offrir. Vous
» y apprendrez qu'aimer fon pro-
» chain c'eft s'aimer foy - mefme
» parce que rien ne nous eft fi
» avantageux que de procurer les
» avantages des autres. Vous y
apprendrez qu'il n'y a point de
raifons qui vous doivent per-
fuader qu'il foit jufte de donner
la mort à vn homme. Vous y
apprendrez à vous fortifier contre toutes les paffions déreglées.
Vous y apprendrez à refifter aux
attraits de la volupté, & à la
confiderer comme vn cruel en-
nemi qui prend plaifir d'infulter
à ceux qu'il a vaincus & portez
à deshonorer leur corps. Vous
y apprendrez à domter la con-
cupifcence en confiderant qu'il
vaut mieux ne point defirer ce
que l'on n'a pas, que de le poffeder aprés l'avoir defiré. Vous y
apprendrez

apprendrez à ne vous mettre
point en colere en vous represen-
tant que celuy qui s'y met lors
qu'on l'irrite ne cesse de s'y mettre que parce qu'on ne l'irrite
plus. Vous y apprendrez pour ce
qui regarde les ennemis, que n'y
ayant presque personne qui n'aime ceux qui l'aiment, nous devons aimer ceux mesme qui ne
nous aiment pas. Vous y apprendrez que nous ne sçaurions mieux
conserver nostre bien qu'en le di-
stribuant aux pauvres, parce que
l'on ne court plus fortune de
perdre ce que l'on a employé de
la sorte. Vous y apprendrez que
la continence est le fruit d'vn
mariage chaste & fidelle. Vous
y apprendrez que les maux de
cette vie sont communs aux bons
& aux méchans. Vous y apprendrez que les maladies n'abattent
pas tant le corps que les vices

rendent l'ame languiffante. Vous
y apprendrez pour vous faire aimer la paix, que la reffemblance
des mœurs n'empefche pas qu'il
n'arrive de la diuifion entre ceux
qui font inquiets & impatiens.
” Vous y apprendrez qu'vn homme
” prudent tire vn égal avantage des
” actions des fages & des foux, par-
” ce que les vns luy montrent ce
” qu'il doit imiter, & les autres ce
” qu'il doit fuir. Vous y apprendrez
que nous profitons de plufieurs
chofes fans le fçavoir, parce
que la bonté de Dieu envers
nous n'eft pas moindre en ce que
nous ne connoiffons pas qu'en
ce que nous connoiffons. Vous
y apprendrez qu'il faut autant
le remercier dans l'adverfité que
dans la profperité, & recon-
noiftre lors que les chofes fuc-
cedent felon nos fouhaits, que
nous ne le meritons pas. Vous

y apprendrez qu'il n'y a point
de deſtin , dont il ne faut point
de meilleure preuve que ce que
nulles nations ni aucunes loix
n'ordonnent des peines qu'à cauſe de la volonté que l'on a euë
de mal faire. Vous y apprendrez que pour eſtre veritable il
ne faut pas eſtre ſoupçonneux,
parce que le ſoupçon ſuppoſe
que l'on n'eſt pas aſſuré de ce
dont on ſe plaint. Vous y apprendrez que ſi lors que nous
avons l'eſprit attaché à Dieu
nous nous ſentons comme cha-
touïllez par les paſſions , c'eſt
de meſme que ſi nous tombions
du ciel en la terre. Vous y apprendrez que quand il arrive
que les méchans ſont favoriſez
de la fortune & les gens de bien
affligez , ceux qui ne ſe repre-
ſentent point que Dieu jugera vn
jour tout le monde ont l'audace

G ij

„ de le croire injuſte. Vous y ap-
„ prendrez que comme le moyen
„ d'empeſcher que les hommes ne
„ ſçachent ce que nous voulons
„ qu'ils ignorent eſt de ne le pas
„ faire; le moyen d'empeſcher que
„ Dieu n'en ait connoiſſance eſt
„ de ne le pas ſeulement penſer.
   Vous y apprendrez qu'il vaut
   beaucoup mieux eſtre trompé
„ que de tromper. Et enfin vous
„ y apprendrez que plus on eſt
„ vertueux & plus on doit fuir la
„ vanité, parce qu'au lieu que les
„ autres vices s'augmentent par
„ les vices, la vanité s'augmente
„ par les vertus. Voilà ce peu
   que j'ay crû eſtre obligé de vous
   dire touchant l'étude à laquelle
   vous devez vous appliquer.

57.   Que ſi en recourant à la ſource vous meditez attentivement
   l'Ecriture ſainte, elle ne vous
   donnera pas moins d'admiration

pour les choses les plus interieures & les plus cachées que pour
les exterieures exposées à la veuë
de tout le monde. Elle ressemble
à ces pierres precieuses dontplus
on considere l'éclat, plus on est
ravy de voir qu'elles brillent au
dedans comme au dehors d'vne
étincelante & vive lumiere. Ac-
coûtumez vostre esprit à la sou-
tenir quoy que sa clarté vous
éblouïsse d'abord, & apprenez à
rassasier la faim de vostre ame
par vne nourriture si salutaire.

I'espere de la bonté de Dieu
qu'il vous fera la grace de vous
donner du dégoust pour les choses vaines, & de l'amour pour les
solides. Car sa bonté nous ayant
comblez de tant de faveurs,
quelle imprudence seroit comparable à la nostre si nous ne vou-
lions point travailler pour nous-
mesmes ? Et que pouvons-nous

faire qui nous soit si avantageux
que de l'aimer & de luy rendre
le culte qui luy est deu, puis que
la veritable beatitude consiste à
mépriser celle du siecle & à renoncer aux choses terrestres pour
embrasser avec ardeur les cele-
stes ? Resolvez-vous donc je
vous prie à ne regarder desor-
mais que Dieu dans toutes vos
paroles & vos actions. Travail-
lez à faire que l'innocence ne
soit pas seulement toûjours vostre fidelle compagne, mais qu'elle vous garde & vous preserve
des fautes où vous pourriez tomber. Considerez quel bonheur
c'est d'embrasser la vertu, & de
tascher autant que nous le pouvons à l'accroistre avec vne entiere confiance qu'elle nous donnera la force de renoncer à nos
mauvaises habitudes, parce que
ce souverain medecin auquel
nous avons recours pour estre

gueris des playes de nos ames exaucera nos prieres.

Noſtre eſprit ne peut aller juſ-ques à s'imaginer la grandeur des biens à venir. Nous voyons que dés icy-bas la magnificence de Dieu donne à tous également l'vſage ſi doux & ſi agreable de la lumiere. ‑Le ſoleil éclaire les impies auſſi bien que les ver-tueux, la nature ne refuſe ſes faveurs à perſonne, & toutes les parties du monde ſont habitées ſans diſtinction par les bons & par les méchans. Que ſi ce Mo-narque eternel répand également ment icy-bas ſes bienfaits ſur les juſtes & ſur les injuſtes, quels doivent eſtre ceux qu'il reſerve pour les juſtes? De quelle ſorte celuy qui paye ce qu'il ne doit point, payera-t-il ce qu'il croit devoir? Combien celuy qui eſt ſi magnifique dans ſes dons le ſera-t-il encore plus dans ſes

58.

recompenses ? Et si sa bonté est
si excessive dans ses liberalitez,
y mettra-t-il des bornes lors
qu'il jugera que nous les au-
rons meritées ? Rien n'est plus
veritable que ce que l'Apostre
dit. QVE *l'on ne sçauroit concevoir
quels sont les biens que Dieu a préparez à ceux qui l'aiment.* Car que
ne fera-t-il point pour ceux qui
luy auront esté fidelles puis qu'il
traite si favorablement des in-
grats?

59.   Dans cette multitude d'occupations qui vous environ-
nent comme vne mer, tournez
vos yeux vers cet heureux port
où les veritables serviteurs de
Dieu sont à l'abry des tempestes,
& n'épargnez aucun effort pour
tâcher d'y arriver. C'est l'vnique
port où aprés avoir esté agitez
par tant d'orages dans le siecle
nous pouvons trouver le calme.
C'est nostre seul refuge & le seul

lieu où nous pouvons eſtre en
aſſurance contre les violences des
vents & des flots, & jouïr d'vne
heureuſe tranquillité. C'eſt-là
enfin où lors que Dieu nous aura
fait la grace d'arriver aprés tant
de vains travaux, la croix du
Sauveur du monde ſera l'ancre
ſalutaire qui mettra voſtre vaiſ-
ſeau dans vne parfaite aſſurance.

Mais ce que je vous écris paſſe
déja les bornes d'vne lettre. Re-
cevez je vous prie pour en rendre gloire à Dieu ce que je vous
y ay repreſenté le plus bréve-
ment que j'ay pû touchant ſes divins preceptes, & adreſſez-luy
du fond de voſtre cœur ce peu de
paroles qui comprennent tout.
Pardonnez-moy mes fautes, Seigneur, & ne me deſavoüez pas
pour eſtre à vous.

FIN.

H

du Roy, le preſent Privilege pour la Traduction
du Latin en François *de S. Eucher, du Mépris du
monde*, pour en joüir pendant le temps de
vingt années, ainſi qu'il eſt porté par ledit
Privilege. Fait à Pomponne le 23. Novembre
1671.

    Signé, ARNAVLD D'ANDILLY.

*Achevé d'imprimer pour la premiere fois le troiſiéme
Decembre 1671.*